A CAPA DESTE LIVRO PODE SER PERSONALIZADA PELA CRIANÇA DA MANEIRA COMO ELA QUISER. INCENTIVE ESTA ATIVIDADE. CERTAMENTE A TURMA VAI ADORAR!

MARIA TERESA MARSICO

Licenciada em Letras pela Universidade Federal do Rio de Janeiro (UFRJ). Pedagoga pela Sociedade Unificada de Ensino Superior Augusto Motta. Atuou por mais de trinta anos como professora de Educação Infantil e Ensino Fundamental das redes municipal e particular do estado do Rio de Janeiro.

MARIA ELISABETE MARTINS ANTUNES

Licenciada em Letras pela Universidade Federal do Rio de Janeiro (UFRJ). Atuou durante trinta anos como professora titular em turmas do 1º ao 5º ano da rede municipal de ensino do Rio de Janeiro.

ARMANDO COELHO DE CARVALHO NETO

Atua desde 1981 com alunos e professores das redes pública e particular de ensino do estado do Rio de Janeiro. Desenvolve pesquisas e estudos sobre metodologias e teorias modernas de aprendizado. Autor de obras didáticas para Ensino Fundamental e Educação Infantil desde 1993.

VÍVIAN DOS SANTOS MARSICO

Pós-graduada em Odontologia pela Universidade Gama Filho. Mestra em Odontologia pela Universidade de Taubaté. Pedagoga em formação pela Universidade Veiga de Almeida. Professora universitária.

MARCHA CRIANÇA

EDUCAÇÃO INFANTIL
2 ANOS

CB137198

MEU NOME: ....

MINHA TURMA: ....

editora scipione

editora scipione

Presidência: Mario Ghio Júnior
Direção editorial: Lidiane Vivaldini Olo
Gerência editorial: Viviane Carpegiani
Gestão de área: Tatiany Renó (Anos Iniciais)
Edição: Luciana Nicoleti (coord.), Luciane Ortiz de Castro, Marina Caldeira Antunes e Marina S. Lupinetti (coord.)
Planejamento e controle de produção: Flávio Matuguma, Juliana Batista, Felipe Nogueira e Juliana Gonçalves
Revisão: Hélia de Jesus Gonsaga (ger.), Kátia Scaff Marques (coord.), Rosângela Muricy (coord.), Brenda T. M. Morais, Carlos Eduardo Sigrist, Daniela Lima, Gabriela Macedo de Andrade, Heloísa Schiavo, Kátia S. Lopes Godoi, Luciana B. Azevedo, Luís M. Boa Nova, Luiz Gustavo Bazana, Patricia Cordeiro; Bárbara de M. Genereze (estagiária)
Arte: Claudio Faustino (gestão), Erika Tiemi Yamauchi (coord.), Yong Lee Kim (edição de arte)
Iconografia e tratamento de imagem: Sílvio Kligin (ger.), Claudia Bertolazzi (coord.), Rodrigo dos Santos Souza (pesquisa iconográfica), Fernanda Crevin (tratamento de imagens)
Licenciamento de conteúdos de terceiros: Roberta Bento (gerente); Jenis Oh (coord.); Liliane Rodrigues; Flávia Zambon e Raísa Maris Reina (analistas de licenciamento)
Ilustrações: Bruna Assis Brasil (Aberturas de unidade), Léo Fanelli, Roberto Higa
Design: Gláucia Correa Koller (ger.), Talita Guedes da Silva (proj. gráfico e capa)
Ilustração de capa: Talita Guedes da Silva

Avenida Paulista, 901, 6º andar – Bela Vista
São Paulo – SP – CEP 01310-200
http://www.somoseducacao.com.br

Dados Internacionais de Catalogação na Publicação (CIP)

Marcha criança : educação infantil : 2 anos / Maria Teresa Marsico...[et al]. -- 5. ed. -- São Paulo : Scipione, 2020.
(Coleção Marcha Criança : 2 a 5 anos)

Outros autores: Maria Elisabete Martins Antunes, Armando Coelho de Carvalho Neto, Vívian dos Santos Marsico
Bibliografia

1. Educação infantil I. Título II. Marsico, Maria Teresa III. Série

19-2683 CDD 372.21

Angélica Ilacqua - Bibliotecária - CRB-8/7057

2025
Código da obra CL 745853
CAE 719881 (AL)
ISBN 9788547402518 (AL)
ISBN 9788547402525 (PR)
OP: 268480 (AL)
5ª edição
5ª impressão
De acordo com a BNCC.

Impressão e acabamento: EGB Editora Gráfica Bernardi Ltda.

Uma publicação SOMOS EDUCAÇÃO

Os textos sem referência foram elaborados para esta coleção.

Bruna Assis Brasil/Arquivo da editora

APRESENTAÇÃO

PREPARAMOS ESTE LIVRO ESPECIALMENTE PARA VOCÊ.
ELE ESTÁ REPLETO DE ATIVIDADES, BRINCADEIRAS E SITUAÇÕES DESAFIADORAS QUE VÃO LHE PROPORCIONAR MUITAS DESCOBERTAS. ESPERAMOS QUE COM ELE VOCÊ SINTA VONTADE DE APRENDER CADA VEZ MAIS!

OS AUTORES

Bruna Assis Brasil/Arquivo da editora

CONHEÇA SEU LIVRO

VEJA A SEGUIR COMO SEU LIVRO ESTÁ ORGANIZADO.

UNIDADE

SEU LIVRO ESTÁ ORGANIZADO EM QUATRO UNIDADES. NA ABERTURA DE CADA UNIDADE, VOCÊ É CONVIDADO PARA UMA BRINCADEIRA DIFERENTE. COM BASE NAS PERGUNTAS DO BOXE **ENTRE NESTA BRINCADEIRA**, VOCÊ E SEUS COLEGAS VÃO CONVERSAR E BRINCAR.

UMA HISTÓRIA VOU CONTAR

COM AS PROPOSTAS DESTA SEÇÃO, VOCÊ VAI OUVIR E CONTAR DIVERSAS HISTÓRIAS. ALÉM DISSO, VAI CONVERSAR COM OS COLEGAS SOBRE O QUE ACHOU DAS HISTÓRIAS E DOS PERSONAGENS.

O TEMA É...

ESTA SEÇÃO TRAZ TEMAS PARA VOCÊ REFLETIR, DISCUTIR E APRENDER MAIS, PODENDO ATUAR NO SEU DIA A DIA COM MAIS CONSCIÊNCIA!

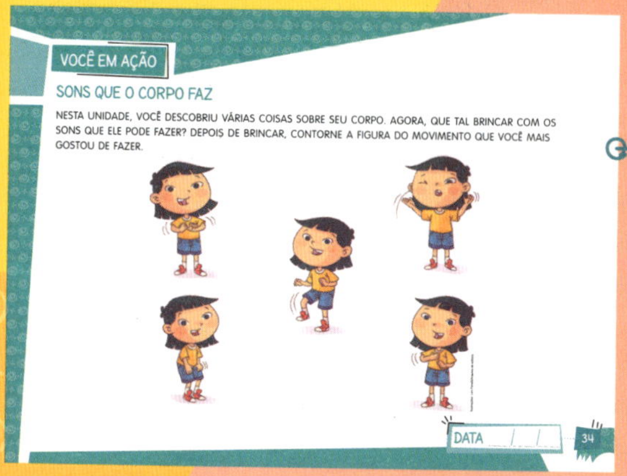

VOCÊ EM AÇÃO

VOCÊ ENCONTRARÁ ESTA SEÇÃO NO FINAL DE CADA UNIDADE. ELA TRAZ PROPOSTAS QUE PERMITEM A VOCÊ VIVENCIAR O QUE APRENDEU COM O TEMA DA UNIDADE E TROCAR EXPERIÊNCIAS COM OS COLEGAS.

SUGESTÕES

NESTA SEÇÃO VOCÊ ENCONTRA SUGESTÕES DE LIVROS, ÁUDIOS E VÍDEOS.

ALMANAQUE DE FESTAS E DATAS COMEMORATIVAS

ESTE ALMANAQUE TRAZ ATIVIDADES SOBRE ALGUMAS FESTAS E DATAS COMEMORATIVAS.

MATERIAL DE APOIO

MATERIAL PARA DESTACAR PEÇAS DE JOGOS, ADESIVOS E OUTROS ELEMENTOS QUE VOCÊ VAI USAR NAS ATIVIDADES.

LIVRO DE LEITURA

E PARA COMPLEMENTAR, HÁ UM LIVRO DE LEITURA QUE TRAZ AS FÁBULAS **A RAPOSA E A CEGONHA** E **AS CRIANÇAS E AS RÃS**.

SUMÁRIO

Bruna Assis Brasil/Arquivo da editora

Bruna Assis Brasil/Arquivo da editora

UNIDADE

1 EU SOU ASSIM

ENTRE NESTA BRINCADEIRA

- DO QUE AS CRIANÇAS ESTÃO BRINCANDO?
- O QUE VOCÊ VÊ QUANDO SE OLHA NO ESPELHO?

BRINQUE COM OS COLEGAS!

Bruna Assis Brasil/Arquivo da editora

PARTES DO CORPO

CANTE A CANTIGA E BRINQUE COM O PROFESSOR E OS COLEGAS.

CABEÇA, OMBRO, PERNA E PÉ
PERNA E PÉ
CABEÇA, OMBRO, PERNA E PÉ
PERNA E PÉ
OLHOS, ORELHAS, BOCA E NARIZ
CABEÇA, OMBRO, PERNA E PÉ
PERNA E PÉ.

DA TRADIÇÃO POPULAR.

Léo Fanelli/Arquivo da editora

DATA ___/___/___

CANTE A CANTIGA E OBSERVE A OBRA DE ARTE. DEPOIS, CONVERSE COM OS COLEGAS E O PROFESSOR.

NESTA MÃOZINHA DIREITA
EU TENHO CINCO DEDINHOS
FAZEM TUDO DE UMA FEITA
FAZEM TUDO LIGEIRINHO.

DA TRADIÇÃO POPULAR.

Alexandre Fiuza/Acervo do artista

MÃOS, DE ALEXANDRE FIUZA, 2008.
TÉCNICA ACRÍLICA, 63 cm × 90 cm.

DATA ____/____/____

COLOQUE AS MÃOS DENTRO DO QUADRO ABAIXO PARA O PROFESSOR CONTORNÁ-LAS. DEPOIS, SIGA AS ORIENTAÇÕES DO PROFESSOR PARA CARIMBAR AS MÃOS.

DATA ____/____/____

REPITA A PARLENDA COM OS COLEGAS E MOSTRE OS DEDOS EM CADA VERSO.

DEDO MINDINHO,
SEU-VIZINHO,
PAI DE TODOS,
FURA-BOLO,
MATA-PIOLHO.

DA TRADIÇÃO POPULAR.

szefei/Shutterstock

DATA .... / .... / ....

CANTE A CANTIGA COM O PROFESSOR E OS COLEGAS.

O SAPO NÃO LAVA O PÉ,
NÃO LAVA PORQUE NÃO QUER.
ELE MORA LÁ NA LAGOA
NÃO LAVA O PÉ
PORQUE NÃO QUER.
MAS QUE CHULÉ!

DA TRADIÇÃO POPULAR.

Léo Fanelli/Arquivo da editora

DATA ____/____/____

COLOQUE UM DOS SEUS PÉS NO LOCAL INDICADO ACIMA DA RÉGUA PARA O PROFESSOR MARCAR A MEDIDA. DEPOIS, SIGA AS ORIENTAÇÕES DO PROFESSOR PARA CARIMBAR OS PÉS.

COLOQUE O CALCANHAR AQUI

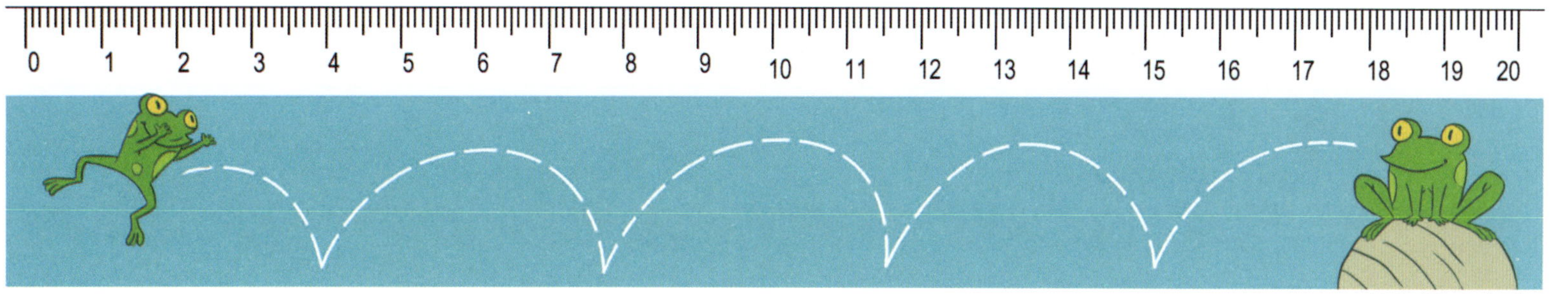

Léo Fanelli/Arquivo da editora

DATA ____/____/____

RECORTE AS PEÇAS DA PÁGINA 1 DO **MATERIAL DE APOIO**. DEPOIS, MONTE O QUEBRA-CABEÇA PARA FORMAR O CORPO DA CRIANÇA E COLE NO QUADRO AO LADO.

Léo Fanelli/Arquivo da editora

DATA ____/____/____

A RAPOSA E A CEGONHA

OBSERVE AS IMAGENS. VOCÊ SABE QUE ANIMAIS SÃO ESTES? ESCUTE A HISTÓRIA QUE O PROFESSOR VAI CONTAR QUE TEM ESTES ANIMAIS COMO PERSONAGENS.

Volodymyr Burdiak/Shutterstock

RAPOSA

Pascal Halder/Shutterstock

CEGONHA

DATA ___/___/___

RESPEITO ÀS DIFERENÇAS

OBSERVE A IMAGEM E CONVERSE COM OS COLEGAS E O PROFESSOR. O QUE AS CRIANÇAS DA FOTO TÊM DE PARECIDO E DE DIFERENTE?

Rawpixel.com/Shutterstock

DATA ___/___/___

MEU NOME

PEÇA A UM ADULTO QUE REGISTRE AQUI COMO FOI FEITA A ESCOLHA DO SEU NOME.

DATA ____/____/____

ESCUTE A PARLENDA QUE O PROFESSOR VAI LER. DEPOIS, APRESENTE-SE DIZENDO SEU NOME E COLE UMA FOTOGRAFIA SUA NO QUADRO ABAIXO.

UNI-DUNI-TÊ,
SALAMÊ MINGUÊ,
O MEU NOME É ....,
QUERO SABER QUEM É VOCÊ!

DATA ____/____/____

O PROFESSOR VAI ESCREVER SEU NOME EM UMA FOLHA AVULSA. MOLHE UM DEDO EM TINTA GUACHE E PASSE-O SOBRE AS LETRAS DO SEU NOME. DEPOIS, CANTE A CANTIGA COM OS COLEGAS.

BOM DIA (BOA TARDE), AMIGUINHOS

BOM DIA (BOA TARDE), AMIGUINHOS, COMO VÃO?
BOM DIA (BOA TARDE), AMIGUINHOS, COMO VÃO?
FAREMOS O POSSÍVEL
PARA SERMOS BONS AMIGOS
BOM DIA (BOA TARDE), AMIGUINHOS, COMO VÃO?

BOM DIA (BOA TARDE), ..., COMO VAI?

BOM DIA (BOA TARDE), ..., COMO VAI?
FAREMOS O POSSÍVEL
PARA SERMOS BONS AMIGOS

BOM DIA (BOA TARDE), ..., COMO VAI?

DA TRADIÇÃO POPULAR.

Léo Fanelli/Arquivo da editora

DATA ..../........../..........

COLE UMA FOTOGRAFIA SUA DE QUANDO ERA BEBÊ. AO LADO, DESENHE COMO VOCÊ É HOJE.

EU, QUANDO BEBÊ

EU, HOJE

DATA ___/___/___

REPITA O TEXTO COM O PROFESSOR! DEPOIS, PINTE A LETRA QUE INICIA SEU NOME.

LÁ VEM O TREM
TREM, TREM!
O QUE SERÁ
QUE NELE TEM?

Léo Fanelli/Arquivo da editora

DATA ____/____/____

PINÓQUIO

VOCÊ CONHECE A HISTÓRIA DE UM BONECO QUE SE CHAMA PINÓQUIO? LOCALIZE-O NA CENA E PINTE-O COM AS CORES , E .

GEPETO ERA CARPINTEIRO
E FEZ UM BONECO DE MADEIRA
DE MODO MUITO LIGEIRO!

Léo Fanelli/Arquivo da editora

DATA ____/____/____

VOCÊ JÁ BRINCOU DE TEATRO DE FANTOCHES? DESTAQUE OS FANTOCHES DA HISTÓRIA **PINÓQUIO** DA PÁGINA 3 DO **MATERIAL DE APOIO**. DEPOIS, COLE PALITOS DE SORVETE NO VERSO DELES E BRINQUE DE TEATRO DE FANTOCHES COM OS COLEGAS.

Léo Fanelli/Arquivo da editora

GEPETO QUERIA QUE PINÓQUIO FOSSE À ESCOLA. TRACE O CAMINHO QUE O LEVARÁ ATÉ A ESCOLA. DEPOIS, COLE PALITOS DE SORVETE NO PINÓQUIO DA PÁGINA 5 DO **MATERIAL DE APOIO**.

Léo Fanelli/Arquivo da editora

DATA ____/____/____

MINHA FAMÍLIA

PINÓQUIO E GEPETO SÃO UMA FAMÍLIA COM DUAS PESSOAS. QUANTAS PESSOAS FAZEM PARTE DA SUA FAMÍLIA? PINTE UM BOTÃO PARA CADA PESSOA DA SUA FAMÍLIA.

Léo Fanelli/Arquivo da editora

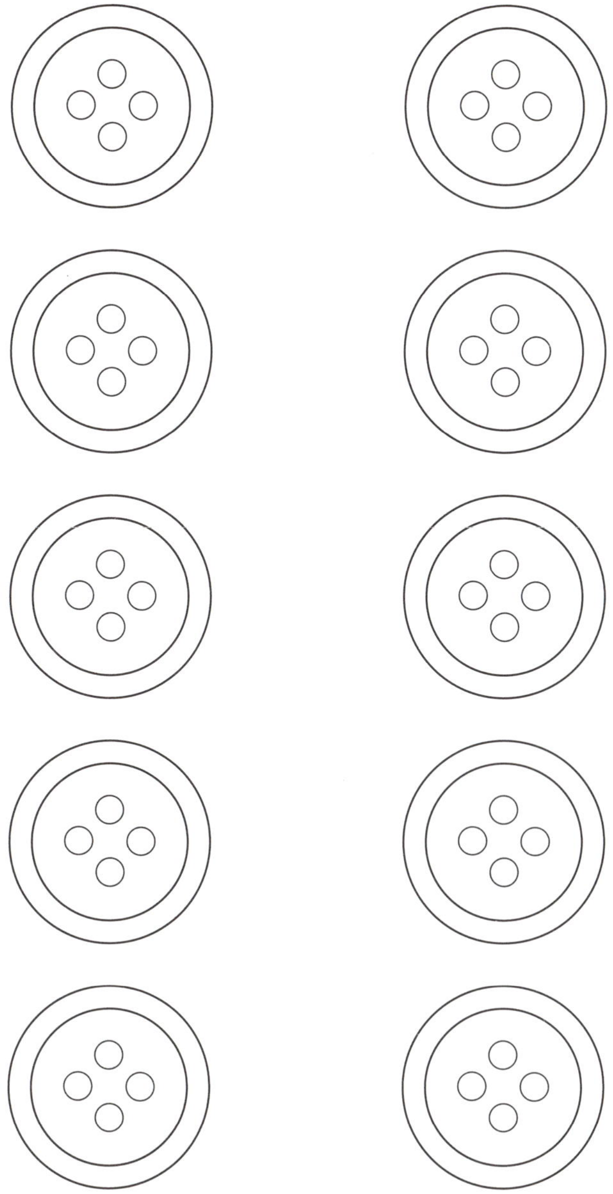

DATA ____/____/____

COMO SÃO AS PESSOAS DA SUA FAMÍLIA? COLE UMA FOTOGRAFIA DA SUA FAMÍLIA NO ESPAÇO ABAIXO.

DATA ____/____/____

DESENHE AS PESSOAS DA SUA FAMÍLIA NO QUADRO ABAIXO. QUANTAS PESSOAS VOCÊ DESENHOU?

DATA ____ / ____ / ____

MEU LAR

ONDE VOCÊ E SUA FAMÍLIA MORAM? MARQUE A MORADIA QUE MAIS SE PARECE COM A SUA.

☐

☐

☐

Ilustrações: Léo Fanelli/Arquivo da editora

DATA ____/____/____

COMO É A SUA MORADIA? FAÇA UM DESENHO DO LUGAR ONDE VOCÊ MORA.

DATA ____/____/____

CANTE A CANTIGA E DANCE COM OS COLEGAS.

FUI MORAR NUMA CASINHA-NHA
INFESTADA-DA DE CUPIM-PIM-PIM
SAIU DE LÁ-LÁ-LÁ UMA LAGARTIXA-XÁ
OLHOU PRA MIM, OLHOU PRA MIM E FEZ ASSIM.

DA TRADIÇÃO POPULAR.

Léo Fanelli/Arquivo da editora

DATA ___/___/___

FAÇA UM CAMINHO DE FOLHAS SEGUINDO AS ORIENTAÇÕES DO PROFESSOR. DEPOIS, PINTE O CAMINHO DE FOLHAS QUE LEVA ATÉ A CASA.

Léo Fanelli/Arquivo da editora

DATA ____/____/____

O QUE ESTÁ FALTANDO NESTA CASA E NO AMBIENTE? DESTAQUE OS ADESIVOS DA PÁGINA 33 DO **MATERIAL DE APOIO** E COLE-OS NO LUGAR CORRESPONDENTE.

Léo Fanelli/Arquivo da editora

DATA ____ / ____ / ____

USE GIZ DE CERA AZUL PARA DESENHAR A CHUVA QUE CAI SOBRE AS TELHAS DA CASA.

Léo Fanelli/Arquivo da editora

DATA ____ / ____ / ____

SONS QUE O CORPO FAZ

NESTA UNIDADE, VOCÊ DESCOBRIU VÁRIAS COISAS SOBRE SEU CORPO. AGORA, QUE TAL BRINCAR COM OS SONS QUE ELE PODE FAZER? DEPOIS DE BRINCAR, CONTORNE A FIGURA DO MOVIMENTO QUE VOCÊ MAIS GOSTOU DE FAZER.

Ilustrações: Léo Fanelli/Arquivo da editora

DATA ____/____/____

UNIDADE

2 COMER, COMER...

Bruna Assis Brasil/Arquivo da editora

ENTRE NESTA BRINCADEIRA

- O QUE AS CRIANÇAS ESTÃO FAZENDO?
- VOCÊ JÁ BRINCOU DE FAZER COMIDAS?

BRINQUE COM OS COLEGAS!

CACHINHOS DOURADOS E OS TRÊS URSOS

VOCÊ CONHECE A HISTÓRIA **CACHINHOS DOURADOS E OS TRÊS URSOS**?
O QUE CACHINHOS DOURADOS ENCONTROU NA FLORESTA? PINTE A CENA.

Léo Fanelli/Arquivo da editora

DATA ____/____/____

OBSERVE AS CAMAS DO PAPAI URSO, DA MAMÃE URSA E DO BEBÊ URSO.
PINTE COM CANETA HIDROCOR A CAMA DO PAPAI URSO.

Léo Fanelli/Arquivo da editora

DATA ____/____/____

DESTAQUE OS ADESIVOS DA PÁGINA 33 DO **MATERIAL DE APOIO** E COLE-OS NAS FIGURAS CORRESPONDENTES.

DATA ____/____/____

OS TRÊS URSOS CHEGARAM DA FLORESTA COM FOME.
TRACE O CAMINHO E LEVE-OS ATÉ SUAS TIGELAS DE MINGAU.

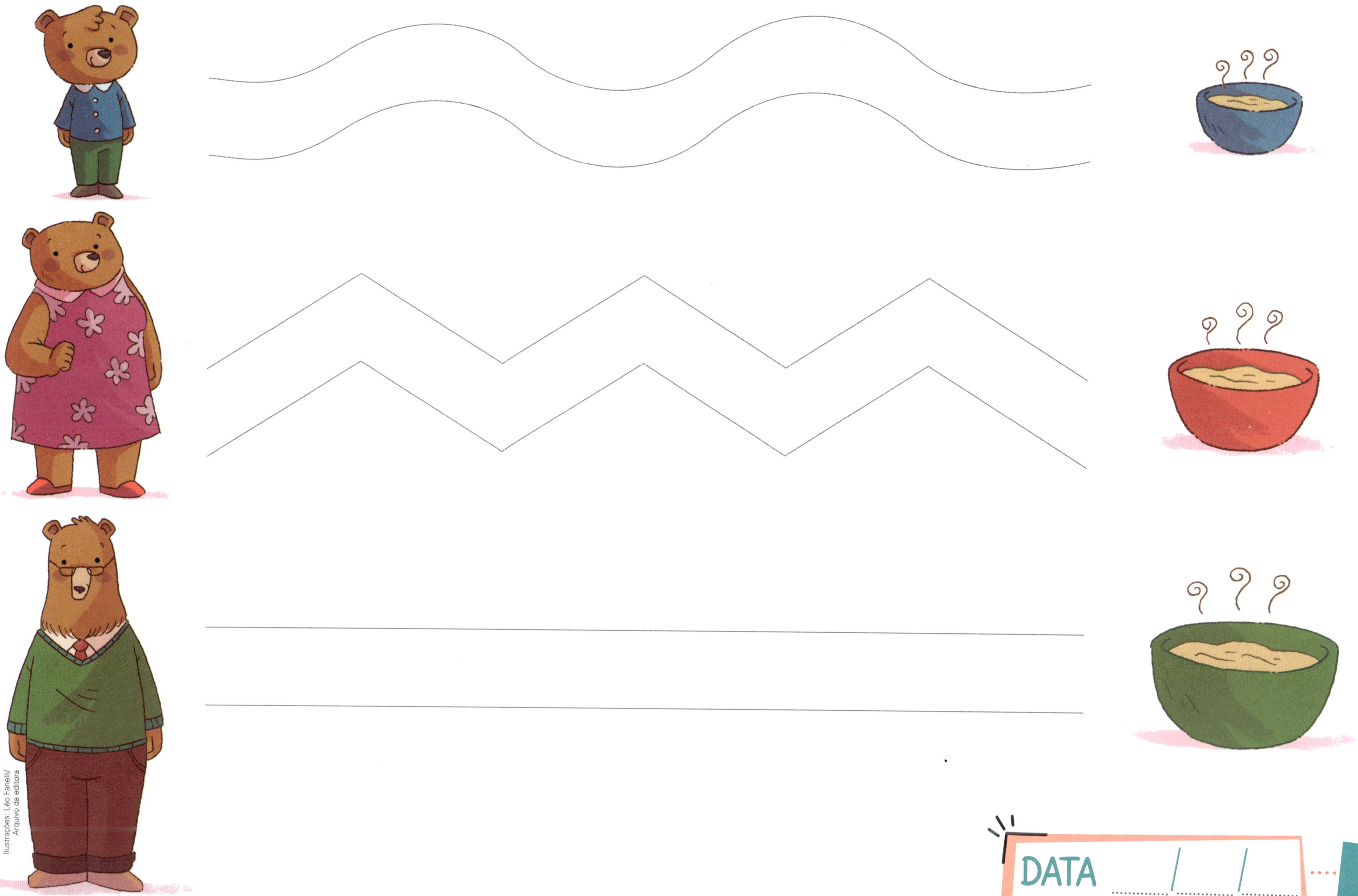

Ilustrações: Léo Fanelli/ Arquivo da editora

DATA ___/___/___

ALIMENTAÇÃO

O QUE É QUE HÁ NA SOPA? DESTAQUE AS FIGURAS DA PÁGINA 7 DO **MATERIAL DE APOIO** E COLE OS INGREDIENTES DENTRO DA PANELA.

Léo Fanelli/Arquivo da editora

DATA ____/____/____

O QUE HÁ DENTRO DAS PANELAS? MARQUE A PANELA EM QUE HÁ MAIS TOMATES.

Ilustrações: Léo Fanelli/ Arquivo da editora

VEJA O QUE FELIPE FAZ DURANTE O DIA.
MARQUE AS ATIVIDADES QUE VOCÊ TAMBÉM FAZ DURANTE O DIA.

Ilustrações: Léo Fanelli/Arquivo da editora

DATA ____/____/____

CANTE A CANTIGA E BRINQUE COM O PROFESSOR E OS COLEGAS.

MEU LANCHINHO, MEU LANCHINHO
VOU COMER, VOU COMER,
PRA FICAR FORTINHO,
PRA FICAR FORTINHO,
E CRESCER! E CRESCER!

DA TRADIÇÃO POPULAR.

Léo Fanelli/Arquivo da editora

DATA ___/___/___

RITA E FELIPE ESTAVAM SE DIVERTINDO NO PARQUE E PARARAM PARA COMER. OBSERVE AS IMAGENS. DEPOIS, CRIE UMA HISTÓRIA A PARTIR DELAS.

Ilustrações: Léo Fanelli/Arquivo da editora

DATA ____/____/____

DEPOIS DE COMER AS PIPOCAS, ONDE RITA E FELIPE DEVEM COLOCAR AS CAIXINHAS VAZIAS? LIGUE A CAIXINHA DE PIPOCA AO RECIPIENTE CORRETO.

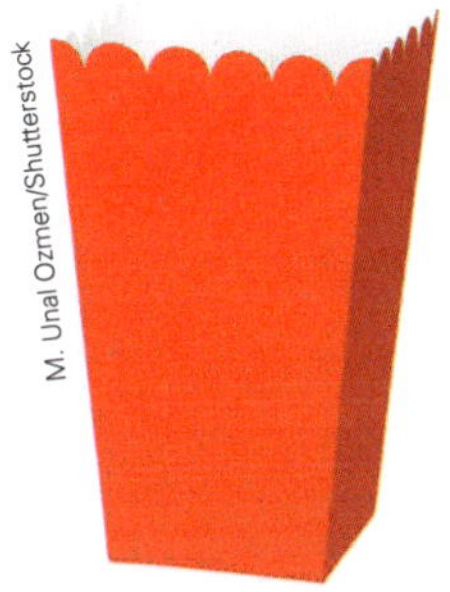

M. Unal Ozmen/Shutterstock

ukmooney/Shutterstock

Ioan Panaite/Shutterstock

DATA ____/____/____

VOCÊ SABE DE ONDE VEM O MILHO DA PIPOCA? OBSERVE AS IMAGENS E CONVERSE COM OS COLEGAS.

Torychemistry/Shutterstock

Richard M Lee/Shutterstock

Stephanie Connell/Shutterstock

Banco de imagens/Arquivo da editora

AGORA, RECORTE A PÁGINA 9 DO **MATERIAL DE APOIO** E COLE MILHO DE PIPOCA NA ESPIGA DE MILHO.

DATA ____/____/____

VOCÊ JÁ VIU ALGUMA PLANTAÇÃO DE MILHO? O QUE VOCÊ OBSERVA NESTA IMAGEM? CONVERSE COM OS COLEGAS.

Eliete Tordin/Acervo da artista

MILHARAL 2000, DE ELIETE TORDIN, 2002. TÉCNICA ACRÍLICA, 50 cm × 70 cm.

DATA ____/____/____

REPRESENTE ALGUNS ELEMENTOS DA TELA DE ELIETE TORDIN.

DATA ____/____/____

A RAPOSA E A CEGONHA

VOCÊ SE LEMBRA DA HISTÓRIA **A RAPOSA E A CEGONHA**?
OBSERVE A CENA ABAIXO E CONVERSE COM OS COLEGAS E O PROFESSOR.

Léo Fanelli/Arquivo da editora

DATA ____/____/____

VAMOS À FEIRA

VOCÊ JÁ FOI A UMA FEIRA? VEJA A LISTA QUE LUCA FEZ PARA LEVAR À FEIRA.

Léo Fanelli/Arquivo da editora

DATA ____/____/____

QUAIS DESTES ALIMENTOS ESTÃO NA LISTA DE LUCA?
MARQUE UM **X** NOS QUADRINHOS CORRETOS.

Eivaisla/Shutterstock

BATATA

Danny Smythe/Shutterstock

CENOURA

domnitsky/Shutterstock

BRÓCOLIS

Dionisvera/Shutterstock

MAÇÃ

DATA ____/____/____

AGORA, FAÇA SUA LISTA DE FEIRA.

DATA ____/____/____

VOCÊ JÁ FOI A UMA FEIRA? OBSERVE A FOTO ABAIXO E, DEPOIS, BRINQUE DE FEIRA COM OS COLEGAS.

Fernando Favoretto/Criar Imagens

FEIRA NA CIDADE DE SÃO PAULO, NO ESTADO DE SÃO PAULO, EM 2016.

DATA ____/____/____

FRUTAS

VOCÊ JÁ COMEU UMA MAÇÃ? ELA ERA DOCE OU AZEDA? CONVERSE COM OS COLEGAS E O PROFESSOR. DEPOIS, DESTAQUE OS ADESIVOS DA PÁGINA 35 DO **MATERIAL DE APOIO** E CUBRA A MAÇÃ.

Roberto Higa/Arquivo da editora

DATA ____/____/____

VOCÊ JÁ VIU UMA MACIEIRA? E UM MAMOEIRO? OBSERVE AS FOTOGRAFIAS. DEPOIS, LIGUE CADA ÁRVORE À FRUTA CORRESPONDENTE.

Mikael Damkier/Shutterstock

MACIEIRA

gresei/Shutterstock

Timothy Hearsum/Stockbyte/Getty Images

MAMOEIRO

Roman Samokhin/Shutterstock

DATA ____/____/____

CANTE A CANTIGA E BRINQUE COM O PROFESSOR E OS COLEGAS.

MEU LIMÃO, MEU LIMOEIRO
MEU PÉ DE JACARANDÁ!
UMA VEZ, ESQUINDÔ LELÊ,
OUTRA VEZ, ESQUINDÔ LALÁ.

DA TRADIÇÃO POPULAR.

Léo Fanelli/Arquivo da editora

DATA ___/___/___

VOCÊ CONHECE ESTA FRUTA? CONVERSE SOBRE ELA COM OS COLEGAS E O PROFESSOR. DEPOIS, RECORTE A PÁGINA 11 DO **MATERIAL DE APOIO** E PINTE O ABACAXI USANDO TINTA GUACHE.

NATTHAPHONG PHRACHAN/Shutterstock

DATA ____/____/____

O QUE AS IMAGENS RETRATAM? CONVERSE COM OS COLEGAS E O PROFESSOR.

Ilustrações: Léo Fanelli/Arquivo da editora

DATA ____/____/____

QUAL É A SUA FRUTA FAVORITA? DESENHE-A ABAIXO.

DATA ____/____/____

SIGA AS ORIENTAÇÕES DO PROFESSOR E COLE ABAIXO TRÊS IMAGENS DE FRUTAS.

DATA ____/____/____

O TEMA É...

FRUTA DE TODO JEITO

VOCÊ GOSTA DE FRUTAS? QUAL É A SUA FRUTA PREFERIDA? VOCÊ SABIA QUE EXISTEM MUITOS TIPOS DE FRUTA? OBSERVE A IMAGEM ABAIXO E CONVERSE COM OS COLEGAS E O PROFESSOR.

Stetca Ionut/Shutterstock

FRUTAS

DATA ___/___/___

VOCÊ EM AÇÃO

FEIJÃO NO ALGODÃO

NESTA UNIDADE, VOCÊ VIU DIFERENTES TIPOS DE ALIMENTO. AGORA, VAMOS PLANTAR FEIJÕES? DEPOIS, COLE UMA FOTOGRAFIA SUA COM OS FEIJÕES PLANTADOS.

DATA ____/____/____

UNIDADE

3 BRINCAR É BOM DEMAIS!

ENTRE NESTA BRINCADEIRA

- O QUE AS CRIANÇAS ESTÃO FAZENDO?
- VOCÊ JÁ BRINCOU DE BOLICHE?

BRINQUE COM OS COLEGAS!

Bruna Assis Brasil/Arquivo da editora

EMÍLIA

DE QUE MATERIAL A EMÍLIA É FEITA?
CONVERSE COM OS COLEGAS E O PROFESSOR.

DE UMA CAIXA DE COSTURA,
PANO, LINHA E AGULHA
NASCEU UMA MENINA VALENTE:
EMÍLIA, A BONECA GENTE!
[...]

EMÍLIA, A BONECA GENTE, DE BABY CONSUELO.
PIRLIMPIMPIM (CD). SOM LIVRE, 1982.

AGORA, RECORTE A PÁGINA 13 DO **MATERIAL DE APOIO** E COLE RETALHOS DE TECIDO NA ROUPA DA EMÍLIA E PEDAÇOS DE LÃ NO CABELO.

DATA ____/____/____

O VISCONDE DE SABUGOSA É UM BONECO FEITO DE ESPIGA DE MILHO. VOCÊ JÁ BRINCOU COM BRINQUEDOS FEITOS DESSE MATERIAL?

JIANG HONGYAN/Shutterstock

AGORA, RECORTE A PÁGINA 15 DO **MATERIAL DE APOIO**, FAÇA BOLINHAS DE PAPEL  E COLE-AS NO CORPO DO VISCONDE DE SABUGOSA.

DATA ____/____/____

ONDE ACONTECE A HISTÓRIA DA EMÍLIA?
DESTAQUE AS FIGURAS DA PÁGINA 17 DO **MATERIAL DE APOIO** E COMPLETE A CENA.

Léo Fanelli/Arquivo da editora

DATA ____/____/____

BRINQUEDOS

QUAIS BRINQUEDOS ESTÃO EMBAIXO DA MESA E QUAIS ESTÃO EM CIMA DELA?

CONVERSE COM OS COLEGAS E O PROFESSOR. DEPOIS, PINTE OS BRINQUEDOS QUE ESTÃO EMBAIXO DA MESA.

Léo Fanelli/Arquivo da editora

DATA ____/____/____

VOCÊ JÁ BRINCOU DE PETECA? PINTE A PETECA COM SUAS CORES PREFERIDAS. DEPOIS, BRINQUE DE PETECA COM OS COLEGAS.

Léo Fanelli/Arquivo da editora

DATA ____/____/____

FELIPE E BIA GOSTAM DE BRINCAR DE BOLA.
FELIPE TEM UMA BOLA PEQUENA E BIA TEM UMA BOLA GRANDE.
USE GIZ DE CERA E LEVE CADA CRIANÇA À SUA BOLA.

Ilustrações: Léo Fanelli/
Arquivo da editora

DATA ____/____/____

DESENHE SEU BRINQUEDO FAVORITO.

DATA ____/____/____

ADRIANO GANHOU UM TRICICLO E FOI PASSEAR COM ELE PELO JARDIM DE SEU AVÔ. TRACE COM GIZ DE CERA  O CAMINHO QUE ADRIANO PERCORREU PELO JARDIM.

Léo Fanelli/Arquivo da editora

DATA ____/____/____

DESTAQUE DA PÁGINA 19 DO **MATERIAL DE APOIO** OS MOLDES PARA REALIZAR A ATIVIDADE. COLOQUE OS MOLDES SOBRE ESTA PÁGINA E PINTE OS ESPAÇOS VAZADOS COM GIZ DE CERA.

DATA ___/___/___

CANTE A CANTIGA E BRINQUE COM O PROFESSOR E OS COLEGAS.

O PIÃO ENTROU NA RODA, O PIÃO
O PIÃO ENTROU NA RODA, O PIÃO
RODA, PIÃO; BAMBEIA, PIÃO
SAPATEIA NO TIJOLO, PIÃO
SAPATEIA NO TIJOLO, PIÃO
O PIÃO ENTROU NA RODA, O PIÃO
RODA, PIÃO; BAMBEIA, PIÃO

DA TRADIÇÃO POPULAR.

Léo Fanelli/Arquivo da editora

DATA ____/____/____

RENATA CONVIDOU OS AMIGOS PARA SUA FESTA DE ANIVERSÁRIO NO PARQUE.

DESTAQUE AS PEÇAS DA PÁGINA 19 DO **MATERIAL DE APOIO** E COLE-AS NO LUGAR CORRESPONDENTE.

Léo Fanelli/Arquivo da editora

DATA ____/____/____

ALICE TEM 2 ANOS E PEDRO TEM 3 ANOS.

Andrey Armyagov/Shutterstock

Noamm Armonn/Shutterstock

E VOCÊ, QUANTOS ANOS TEM? PINTE A QUANTIDADE DE BALÕES QUE CORRESPONDE À SUA IDADE.

Léo Fanelli/Arquivo da editora

DATA ____/____/____

VOCÊ SABIA QUE POTES E TAMPAS PODEM SER BRINQUEDOS? BRINQUE COM OS COLEGAS UTILIZANDO ESSES OBJETOS. DEPOIS, LIGUE CADA POTE À TAMPA CORRESPONDENTE.

Ilustrações: Léo Fanelli/Arquivo da editora

DATA ____/____/____

SIGA AS ORIENTAÇÕES DO PROFESSOR E CONSTRUA UM CARRINHO. DEPOIS, BRINQUE COM OS COLEGAS.

MATERIAL NECESSÁRIO

- 1 CAIXA VAZIA
- 4 TAMPAS DE GARRAFA PET
- PINCÉIS OU ESPONJAS
- PAPEL BRANCO
- TINTA GUACHE COLORIDA

MODO DE FAZER

COM A AJUDA DO PROFESSOR, ENCAPE A CAIXA COM PAPEL BRANCO.

PINTE A CAIXA COM TINTA GUACHE.

PEÇA A UM ADULTO QUE COLE AS TAMPAS NO LUGAR DAS RODAS.

DIVIRTA-SE COM OS COLEGAS!

Ilustrações: Léo Fanelli/Arquivo da editora

DATA ___/___/___

LIGUE CADA BRINQUEDO AO MATERIAL UTILIZADO PARA CONSTRUÍ-LO.

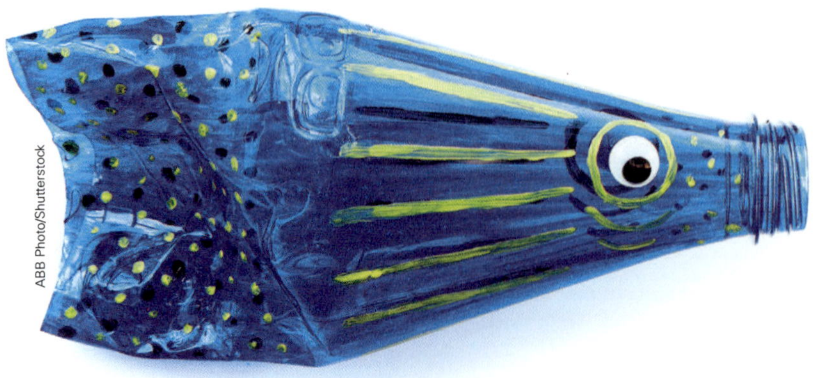

ABB Photo/Shutterstock

Elizabeth A.Cummings/Shutterstock

Katerina Morozova/Shutterstock

Scisetti Alfio/Shutterstock

OBSERVE A CENA. DO QUE AS CRIANÇAS ESTÃO BRINCANDO?
BRINQUE DE CAIXA-SURPRESA COM OS COLEGAS.

Léo Fanelli/Arquivo da editora

DATA ____/____/____

BRINCANDO COMO ANTIGAMENTE

VOCÊ CONVIVE COM PESSOAS IDOSAS? VOCÊ SABE COMO ELAS BRINCAVAM QUANDO ERAM CRIANÇAS? OBSERVE A IMAGEM ABAIXO E CONVERSE COM OS COLEGAS E O PROFESSOR.

Tim Hale Photography/Corbis/Getty Images

HOMEM ENSINANDO BRINCADEIRA À CRIANÇA.

DATA ____/____/____

BRINCADEIRAS

O QUE VOCÊ OBSERVA NESTA TELA? CONVERSE COM OS COLEGAS E O PROFESSOR.

Ricardo Ferrari/Coleção particular

MEMÓRIAS DE INFÂNCIA: A RUA, DE RICARDO FERRARI, 2008. ÓLEO SOBRE TELA, 70 cm × 120 cm.

DATA ____/____/____

DESTAQUE OS ADESIVOS DA PÁGINA 37 DO **MATERIAL DE APOIO**, COLE-OS NA CENA ABAIXO E DESCUBRA DO QUE AS CRIANÇAS ESTÃO BRINCANDO.

Léo Fanelli/Arquivo da editora

DATA ___/___/___

CANTE A CANTIGA E BRINQUE DE RODA COM O PROFESSOR E OS COLEGAS.

CIRANDA, CIRANDINHA
VAMOS TODOS CIRANDAR!
VAMOS DAR A MEIA-VOLTA
VOLTA E MEIA VAMOS DAR.

O ANEL QUE TU ME DESTES
ERA VIDRO E SE QUEBROU,
O AMOR QUE TU ME TINHAS
ERA POUCO E SE ACABOU.

DA TRADIÇÃO POPULAR.

Léo Fanelli/Arquivo da editora

DATA ___/___/___

ISABEL E CAIO ESTÃO BRINCANDO DE FAZER CASTELOS DE AREIA.
DESTAQUE OS ADESIVOS DA PÁGINA 37 DO **MATERIAL DE APOIO** E COLE-OS NO LOCAL CORRESPONDENTE.

Léo Fanelli/Arquivo da editora

DATA ____/____/____

LIGUE CADA BRINQUEDO À SOMBRA CORRESPONDENTE.
DEPOIS, BRINQUE DE FAZER SOMBRAS COM OS COLEGAS.

irin-k/Shutterstock

Smit/Shutterstock

wk1003mike/Shutterstock

BRINQUE COM OS COLEGAS DE DAR BANHO EM UMA BONECA.
DEPOIS, ASSINALE OS OBJETOS QUE VOCÊS USARAM DURANTE A BRINCADEIRA.

cs333/Shutterstock

Els Pairots/Shutterstock

Jr images/Shutterstock

Constant/Shutterstock

DATA ____/____/____

VAMOS BRINCAR DE TRÂNSITO? CANTE E DANCE COM OS COLEGAS.

MOTORISTA, MOTORISTA,
OLHA A PISTA!
OLHA A PISTA!
NÃO É DE SALSICHA,
NÃO É DE SALSICHA.
NÃO É, NÃO!
NÃO É, NÃO!

DA TRADIÇÃO POPULAR.

Léo Fanelli/Arquivo da editora

DATA ____/____/____

DO QUE VOCÊ MAIS GOSTA DE BRINCAR? CONVERSE COM O PROFESSOR E OS COLEGAS. DEPOIS, DESENHE ABAIXO SUA BRINCADEIRA FAVORITA.

DATA ____/____/____

AS CRIANÇAS E AS RÃS

OUÇA A HISTÓRIA **AS CRIANÇAS E AS RÃS**, QUE O PROFESSOR VAI CONTAR.
DEPOIS, MARQUE A CENA QUE MOSTRA O FINAL DA HISTÓRIA.

Ilustrações: Léo Fanelli/Arquivo da editora

DATA ____/____/____

VOCÊ EM AÇÃO

CAIXA QUE VIRA BRINQUEDO

NESTA UNIDADE, VOCÊ EXPERIMENTOU DIFERENTES BRINCADEIRAS.

AGORA, COM OS COLEGAS, DIVIRTA-SE USANDO CAIXAS DE PAPELÃO.

DEPOIS, PINTE A EXPRESSÃO QUE CORRESPONDE A COMO VOCÊ SE SENTIU DURANTE A BRINCADEIRA.

Ilustrações: Léo Fanelli/Arquivo da editora

DATA ____/____/____

UNIDADE

4 MUNDO DOS BICHOS

Bruna Assis Brasil/Arquivo da editora

ENTRE NESTA BRINCADEIRA

- DO QUE AS CRIANÇAS ESTÃO BRINCANDO?
- QUE ANIMAL FAZ TEIAS?

BRINQUE COM OS COLEGAS!

O PATINHO FEIO

VOCÊ CONHECE A HISTÓRIA DO PATINHO FEIO?

DESTAQUE OS ADESIVOS DA PÁGINA 37 DO **MATERIAL DE APOIO** E COLE-OS PARA COMPLETAR A CENA.

Léo Fanelli/Arquivo da editora

DATA ____/____/____

COMO OS PATINHOS NASCERAM? OBSERVE A IMAGEM E CONVERSE COM OS COLEGAS E O PROFESSOR.

Silarock/Shutterstock

AGORA, RECORTE A PÁGINA 21 DO **MATERIAL DE APOIO** E COLE PENAS NO PATINHO E CASCAS DE OVO NO OVO.

DATA ____/____/____

DESTAQUE DA PÁGINA 23 DO **MATERIAL DE APOIO** AS PARTES QUE FALTAM NAS IMAGENS E COLE-AS NA CENA. DEPOIS, PINTE DE  A ÁGUA DA LAGOA.

Roberto Higa/Arquivo da editora

DATA ___/___/___

PINTE O ☐ QUE MOSTRA OS FILHOTES DA HISTÓRIA **O PATINHO FEIO**.

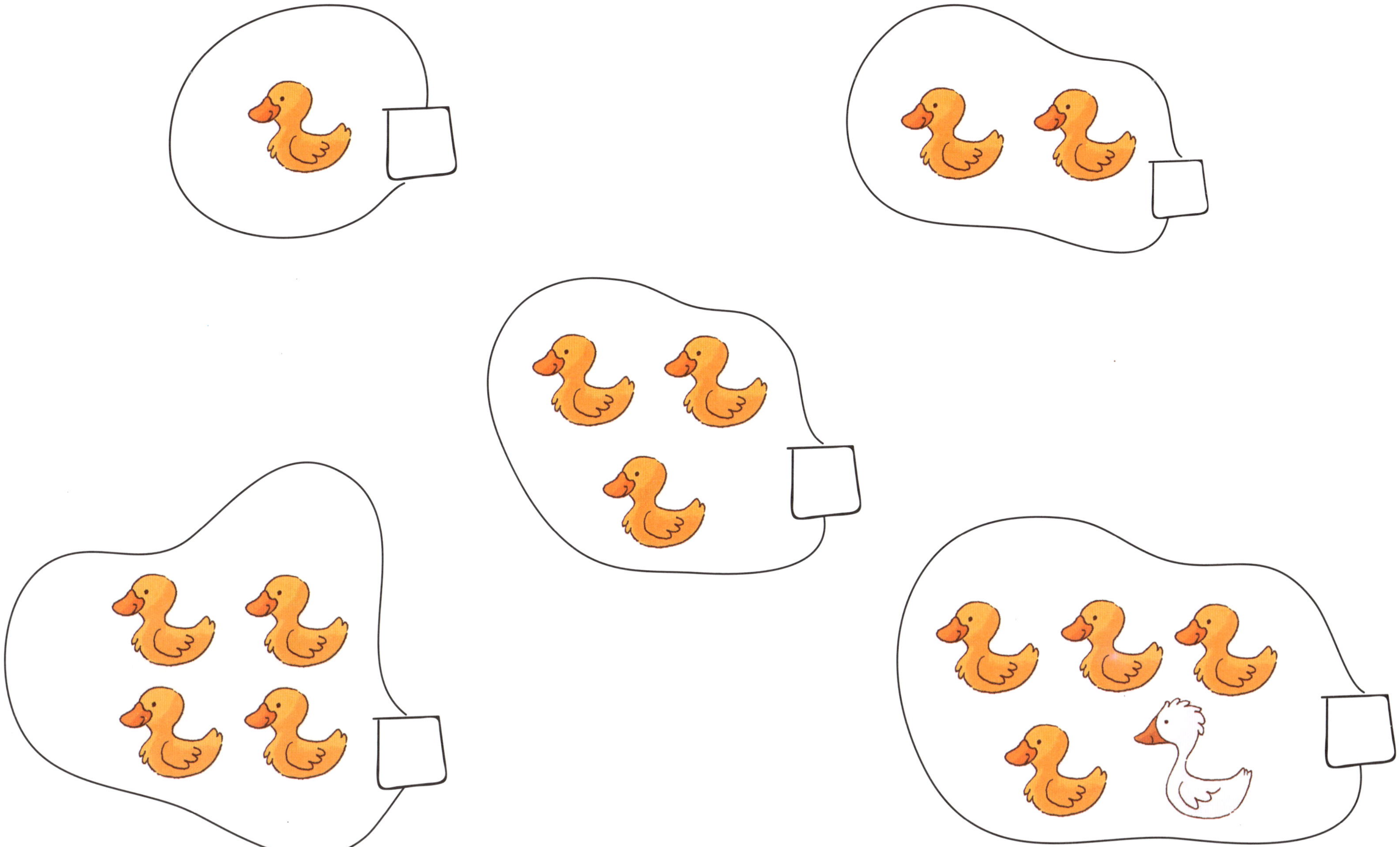

Ilustrações: Léo Fanelli/Arquivo da editora

DATA ____/____/____

ANIMAIS

QUE SONS OS ANIMAIS DA IMAGEM FAZEM? BRINQUE DE IMITAR OS SONS. DEPOIS, CANTE A CANTIGA COM O PROFESSOR E OS COLEGAS.

NA MINHA CASA

NA MINHA CASA TEM UMA GALINHA,
NA MINHA CASA TEM UMA GALINHA,
A GALINHA "CÓ", OS PINTINHOS "PIU", OS PINTINHOS "PIU",
OS PINTINHOS "PIU", OS PINTINHOS "PIU".

NA MINHA CASA TEM UM GALO,
NA MINHA CASA TEM UM GALO,
O GALO "COCORICÓ", A GALINHA "CÓ", OS PINTINHOS "PIU"
[...]

DA TRADIÇÃO POPULAR.

Léo Fanelli/Arquivo da editora

DATA ____/____/____

PINTE COM LÁPIS DE COR O ANIMAL QUE FAZ "PIU".

PINTE COM GIZ DE CERA OS OUTROS ANIMAIS DA CENA.

Roberto Higa/Arquivo da editora

DATA ____/____/____

DESTAQUE AS PEÇAS DA PÁGINA 23 DO **MATERIAL DE APOIO** E COLE-AS NA IMAGEM PARA FORMAR O RABO, O BICO, UMA ASA E AS PERNAS DO PINTINHO. DEPOIS, PINTE COM LÁPIS DE COR O PINTINHO.

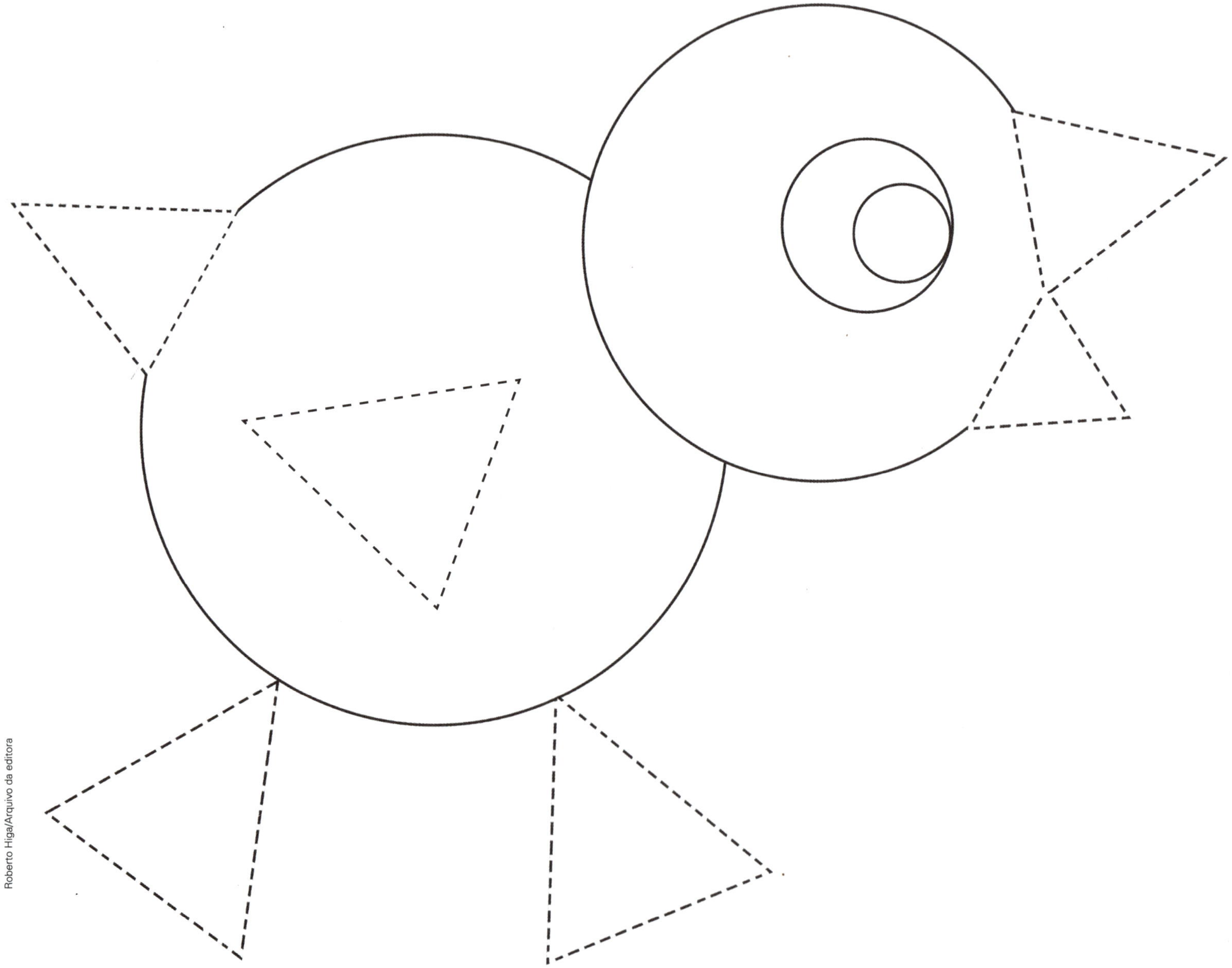

Roberto Higa/Arquivo da editora

DATA ____ / ____ / ____

CANTE A CANTIGA COM OS COLEGAS E O PROFESSOR.

DE OLHOS VERMELHOS

DE OLHOS VERMELHOS,
DE PELO BRANQUINHO,
DE PULO BEM LEVE,
EU SOU O COELHINHO.
SOU MUITO ASSUSTADO,
PORÉM SOU GULOSO,
POR UMA CENOURA
JÁ FICO MANHOSO.

EU PULO PRA FRENTE,
EU PULO PRA TRÁS,
DOU MIL CAMBALHOTAS,
SOU FORTE DEMAIS.
COMI UMA CENOURA
COM CASCA E TUDO,
TÃO GRANDE ELA ERA
FIQUEI BARRIGUDO,
FIQUEI ORELHUDO.

DA TRADIÇÃO POPULAR.

Léo Fanelli/Arquivo da editora

AGORA, RECORTE A PÁGINA 25 DO **MATERIAL DE APOIO** E COLE ALGODÃO NO CORPO DO COELHO.

DATA ____/____/____

PINTE O CACHORRO QUE ESTÁ DENTRO DA CASINHA.

CONTORNE O CACHORRO QUE ESTÁ FORA DA CASINHA.

Léo Fanelli/Arquivo da editora

DATA ____/____/____

COMO SE CHAMAM ESTES ANIMAIS? DIGA O NOME DELES.
DEPOIS, DESTAQUE AS PEÇAS DA PÁGINA 27 DO **MATERIAL DE APOIO** E BRINQUE DE JOGO DA MEMÓRIA.

Léo Fanelli/Arquivo da editora

DATA ____/____/____

OBSERVE A IMAGEM. VOCÊ CONHECE ESSE ANIMAL? QUAL É O NOME DELE? AGORA, CANTE A CANTIGA E BRINQUE COM OS COLEGAS.

CORRE CUTIA

CORRE CUTIA
NA CASA DA TIA,
CORRE CIPÓ
NA CASA DA AVÓ.
LENCINHO NA MÃO
CAIU NO CHÃO,
MOÇA BONITA DO MEU CORAÇÃO.

DA TRADIÇÃO POPULAR.

reisegraf.ch/Shutterstock

CUTIA

OBSERVE A IMAGEM. VOCÊ CONHECE ESSES ANIMAIS? QUAL É O NOME DELES?

CONTORNE DE [azul] A GIRAFA MAIOR.

CONTORNE DE [vermelho] A GIRAFA MENOR.

Léo Fanelli/Arquivo da editora

DATA ____/____/____

VOCÊ JÁ VIU UM BEIJA-FLOR?
TRACE O CAMINHO E LEVE O BEIJA-FLOR ATÉ AS FLORES.

É PEQUENO E DELICADO
ELE VOA E PARA NO AR
JUNTO À FLORZINHA
PARA SE ALIMENTAR.

Léo Fanelli/Arquivo da editora

DATA ____/____/____

QUE ANIMAL ESTÁ ENROLADO NO GALHO DA ÁRVORE? CONVERSE COM OS COLEGAS E O PROFESSOR. DEPOIS, CANTE A CANTIGA E BRINQUE COM OS COLEGAS.

A COBRA NÃO TEM PÉ,
A COBRA NÃO TEM MÃO,
COMO É QUE A COBRA SOBE NO PEZINHO DE LIMÃO?

DA TRADIÇÃO POPULAR.

Léo Fanelli/Arquivo da editora

DATA ____/____/____

OBSERVE A IMAGEM ABAIXO. QUE ANIMAL ELA RETRATA?
DEPOIS, FAÇA UMA ESCULTURA QUE REPRESENTE SEU ANIMAL FAVORITO.

Romulo Fialdini/Tempo Composto

BOI ROSA, DE VITALINO PEREIRA DOS SANTOS. CERÂMICA POLICROMADA, 24 cm × 9 cm.

DATA ____/____/____

A MINHOCA QUER CHEGAR AO BURACO NA TERRA E O SAPO QUER CHEGAR À LAGOA. CONTINUE O TRAÇADO PARA MOSTRAR O CAMINHO DE CADA ANIMAL.

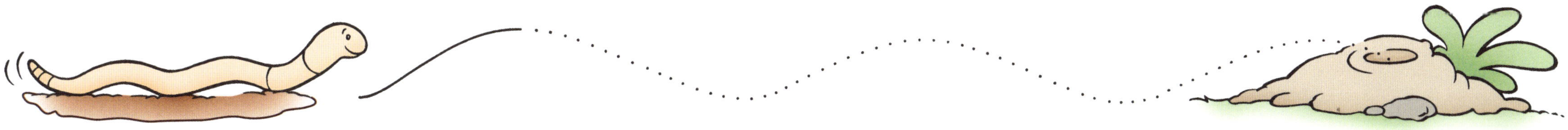

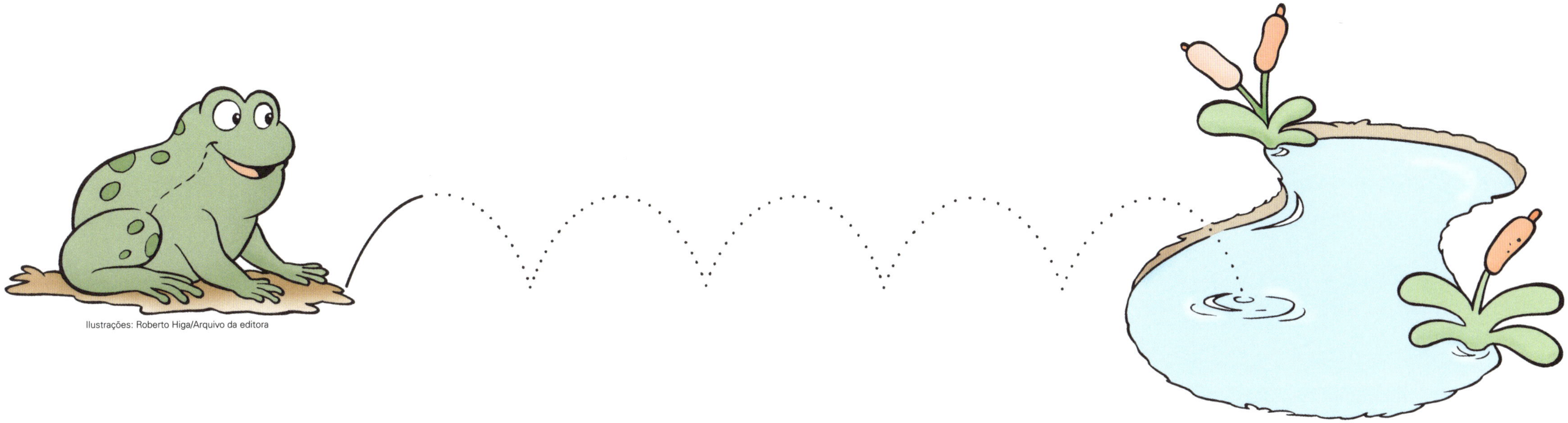

Ilustrações: Roberto Higa/Arquivo da editora

DATA ___/___/___

AS CRIANÇAS E AS RÃS

DESTAQUE AS CENAS DA PÁGINA 29 DO **MATERIAL DE APOIO** E COLE-AS NA ORDEM EM QUE ELAS ACONTECEM. DEPOIS, CONTE A HISTÓRIA JUNTO COM OS COLEGAS.

1

2

3

4

DATA ___/___/___

ONDE VIVEM OS ANIMAIS

AS RÃS VIVEM EM LUGARES ÚMIDOS, COMO BEIRAS DE RIOS E LAGOAS. QUANTAS RÃS HÁ EM CADA LAGOA? CONTORNE A LAGOA COM MAIS RÃS.

Ilustrações: Léo Fanelli/Arquivo da editora

DATA ____ / ____ / ____

O CAMELO VIVE NO DESERTO.
COMPLETE AS PEGADAS DO CAMELO E CONTINUE O CAMINHO.

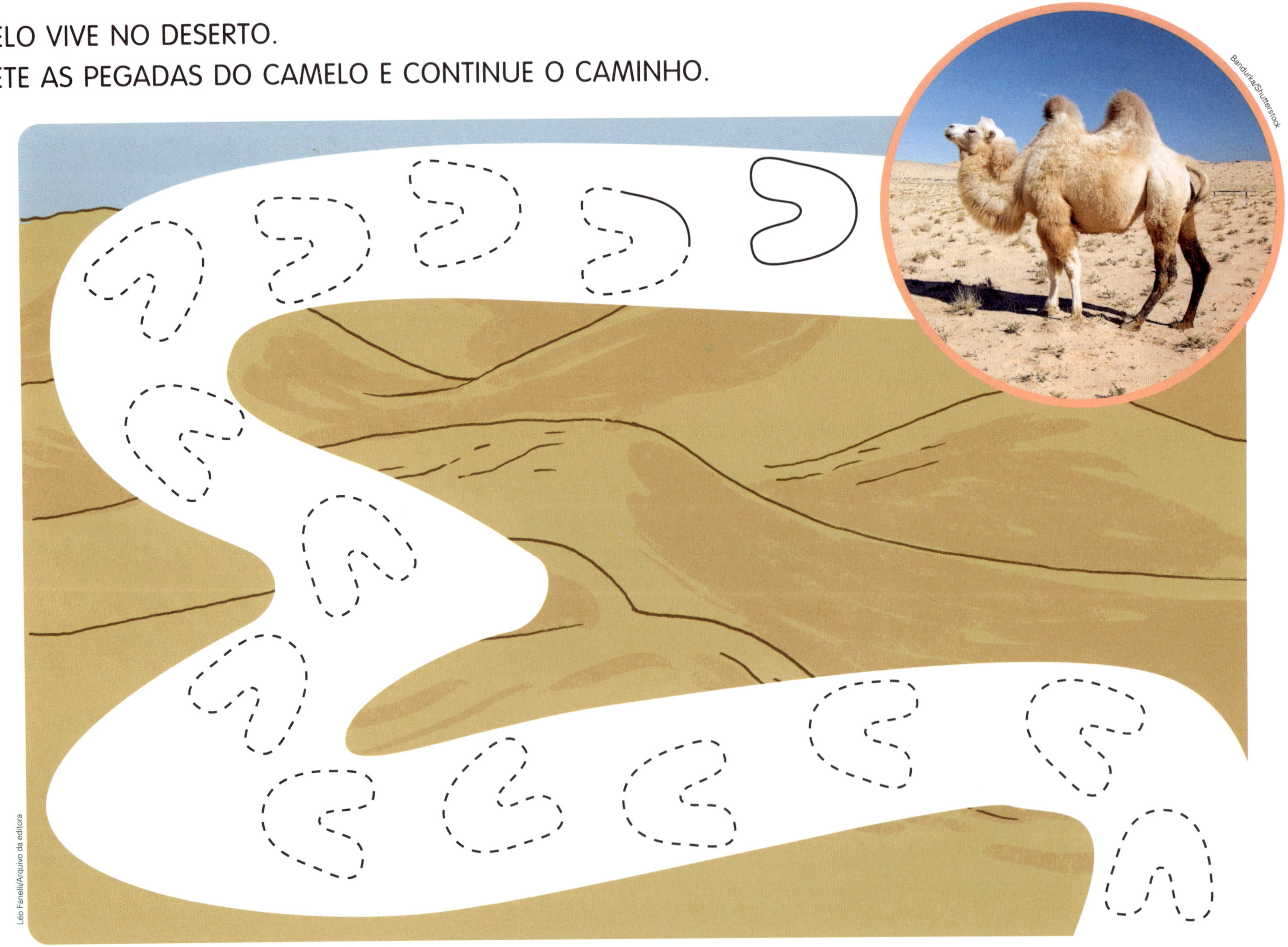

Léo Fanelli/Arquivo da editora

Bandurka/Shutterstock

DATA ___/___/___

MUITOS ANIMAIS VIVEM NA FLORESTA. QUAL É O NOME DO ANIMAL ABAIXO? PINTE-O DE .

Roberto Higa/Arquivo da editora

DATA ____/____/____

O QUE VOCÊ VÊ NESTA IMAGEM? CONVERSE COM OS COLEGAS E O PROFESSOR.

Bárbara Rochlitz/Galeria Jacques-Ardies, São Paulo.

BICHOS DA FLORESTA, DE BARBARA ROCHLITZ, 2008. ÓLEO SOBRE TELA, 50 cm × 80 cm.

DATA ____/____/____

QUE ANIMAIS ESTÃO RETRATADOS NA IMAGEM? CONVERSE COM OS COLEGAS. DEPOIS, PINTE A CENA.

Léo Fanelli/Arquivo da editora

DATA ___/___/___

MUITOS ANIMAIS VIVEM NA ÁGUA. CANTE A CANTIGA COM O PROFESSOR E OS COLEGAS. DEPOIS, PINTE COM LÁPIS DE COR OS ANIMAIS DESTA PÁGINA.

Léo Fanelli/Arquivo da editora

CARANGUEJO NÃO É PEIXE,
CARANGUEJO PEIXE É
CARANGUEJO SÓ É PEIXE
NA ENCHENTE DA MARÉ.

DA TRADIÇÃO POPULAR.

DATA ____/____/____

VOCÊ JÁ VIU QUANTOS BICHINHOS MORAM NO JARDIM?
PINTE OS BICHINHOS RETRATADOS NA CENA.

Roberto Higa/Arquivo da editora

DATA ____/____/____

OBSERVE AS FOTOGRAFIAS ABAIXO. O QUE ELAS TÊM DE IGUAL E DE DIFERENTE? CONVERSE COM OS COLEGAS E O PROFESSOR.

Rubens Chaves/Pulsar Imagens

JARDIM BOTÂNICO DURANTE O DIA, NA CIDADE DE CURITIBA, BRASIL.

Rubens Chaves/Pulsar Imagens

JARDIM BOTÂNICO DURANTE A NOITE, NA CIDADE DE CURITIBA, BRASIL.

DATA ___/___/___

CUIDANDO DO AMBIENTE

ONDE OS ANIMAIS VIVEM? PARA QUE ELES VIVAM COM TRANQUILIDADE, DEVEMOS PRESERVAR O AMBIENTE DELES. COMO VOCÊ PODE FAZER ISSO? OBSERVE A IMAGEM.

Luan Rezende/Shutterstock

SAGUI EM FLORESTA NO ESTADO DO RIO DE JANEIRO.

DATA ____/____/____

VOCÊ EM AÇÃO

MÍMICA DOS BICHOS

NESTA UNIDADE, VOCÊ CONHECEU ALGUNS ANIMAIS E OS LUGARES EM QUE ELES VIVEM. QUAIS FORAM OS SEUS ANIMAIS FAVORITOS? SIGA AS ORIENTAÇÕES DO PROFESSOR E BRINQUE DE MÍMICA DOS BICHOS.

DEPOIS, DESENHE O ANIMAL QUE VOCÊ MAIS GOSTOU DE IMITAR.

DATA ____/____/____

MARCHA CRIANÇA

ALMANAQUE DE FESTAS E DATAS COMEMORATIVAS

1

editora scipione

O SEU NASCIMENTO

O DIA EM QUE VOCÊ NASCEU FOI MUITO IMPORTANTE.
PEÇA A UM ADULTO QUE ESCREVA ABAIXO O SEU NOME E A DATA DO SEU NASCIMENTO.

NOME: .... DATA: ....../....../......

AGORA, COLE UMA FOTOGRAFIA OU FAÇA UM DESENHO QUE REPRESENTE O DIA EM QUE VOCÊ NASCEU.

CARNAVAL

FEVEREIRO OU MARÇO

O CARNAVAL É UMA FESTA POPULAR BEM ANIMADA. TEM MUITA MÚSICA, DANÇA E ALEGRIA!
A CENA ABAIXO REPRESENTA UMA FESTA DE CARNAVAL. PINTE-A.

Léo Fanelli/Arquivo da editora

DATA ___ / ___ / ___

DIA DO CIRCO

27 DE MARÇO

VOCÊ JÁ FOI AO CIRCO?

COMPLETE E PINTE A CENA PARA DEIXAR O ESPETÁCULO AINDA MAIS ANIMADO.

Léo Fanelli/Arquivo da editora

DATA ____/____/____

DIA NACIONAL DO LIVRO INFANTIL

18 DE ABRIL

DESENHE NO LIVRO ABAIXO UMA CENA DE ALGUMA HISTÓRIA QUE VOCÊ CONHECE.

Léo Fanelli/Arquivo da editora

DATA ____/____/____

DIA DAS MÃES

SEGUNDO DOMINGO DE MAIO

DESENHE UMA ATIVIDADE QUE VOCÊ GOSTA DE FAZER COM A SUA MÃE OU COM UMA PESSOA QUE CUIDA DE VOCÊ.

DATA ..../......../........

DIA DO ABRAÇO

22 DE MAIO

VOCÊ GOSTA DE ABRAÇAR? VOCÊ JÁ ABRAÇOU ALGUÉM HOJE?
PINTE O DESENHO QUE REPRESENTA COMO VOCÊ SE SENTE QUANDO RECEBE UM ABRAÇO.

Ilustrações: Léo Fanelli/Arquivo da editora

DATA ___/___/___

DIA DO AMBIENTE

5 DE JUNHO

LEVE AS CRIANÇAS ATÉ AS LIXEIRAS COBRINDO AS LINHAS TRACEJADAS E AJUDE-AS A PRESERVAR O MEIO AMBIENTE. DEPOIS, PINTE AS LIXEIRAS COM AS CORES INDICADAS.

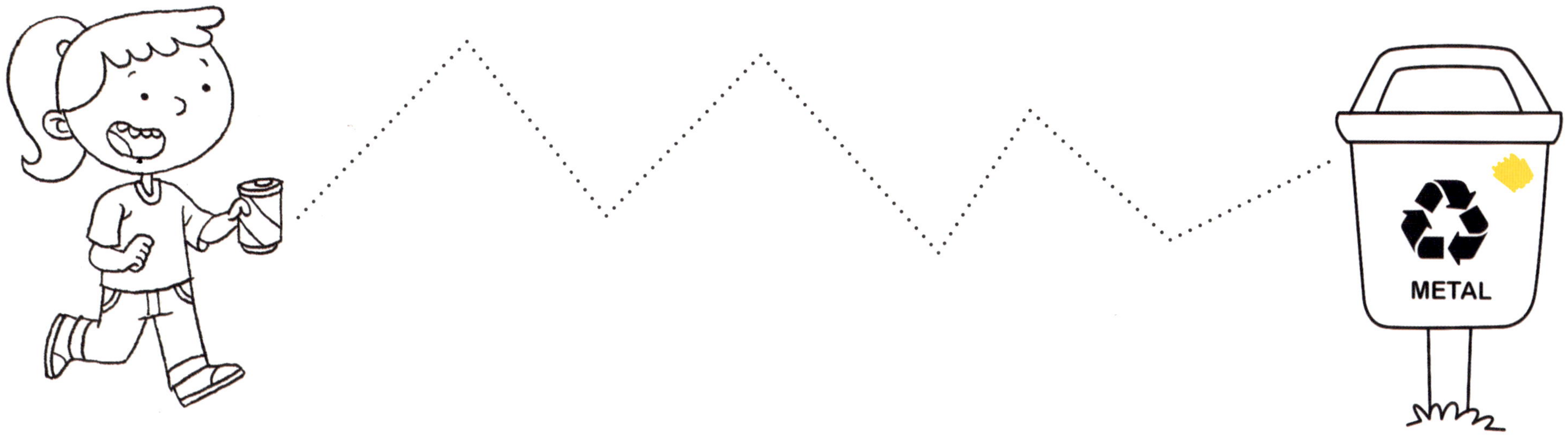

Ilustrações: Léo Fanelli/Arquivo da editora

DATA ____/____/____

FESTAS JUNINAS

MÊS DE JUNHO

VOCÊ JÁ PARTICIPOU DE UMA FESTA JUNINA?
NESSAS FESTAS HÁ COMIDAS, BEBIDAS, ROUPAS E BRINCADEIRAS TÍPICAS.
CONTINUE DESENHANDO AS BANDEIRINHAS E PINTE A CENA.

Léo Fanelli/Arquivo da editora

DATA ___/___/___

DIA DOS PAIS

SEGUNDO DOMINGO DE AGOSTO

OBSERVE AS IMAGENS ABAIXO E CRIE UMA HISTÓRIA.

Ilustrações: Léo Fanelli/Arquivo da editora

DATA ____/____/____

DIA DO FOLCLORE

22 DE AGOSTO

FOLCLORE É O CONJUNTO DE COSTUMES, DANÇAS, LENDAS, BRINCADEIRAS E CRENÇAS POPULARES DE UMA REGIÃO.

CANTE A CANTIGA E BRINQUE DE RODA COM OS COLEGAS.

DA ABÓBORA FAZ MELÃO
DO MELÃO FAZ MELANCIA
FAZ DOCE, SINHÁ, FAZ DOCE, SINHÁ
FAZ DOCE, SINHÁ MARIA
FAZ DOCE, SINHÁ, FAZ DOCE, SINHÁ
FAZ DOCE, SINHÁ MARIA

QUEM QUISER APRENDER A DANÇAR
VAI À CASA DO JUQUINHA
QUEM QUISER APRENDER A DANÇAR
VAI À CASA DO JUQUINHA
ELE PULA, ELE RODA, ELE FAZ REQUEBRADINHA.

DA TRADIÇÃO POPULAR.

Léo Fanelli/Arquivo da editora

DATA ____/____/____

DIA DA ÁRVORE

21 DE SETEMBRO

AJUDE O MACACO A CHEGAR À CASA DELE, NO TOPO DA ÁRVORE!

Léo Fanelli/Arquivo da editora

DATA ____/____/____

DIA DAS CRIANÇAS

12 DE OUTUBRO

AS CRIANÇAS DEVEM SER CUIDADAS E PROTEGIDAS POR TODOS.
PARA ISSO, EXISTEM OS DIREITOS DA CRIANÇA, QUE DEVEM SER GARANTIDOS E RESPEITADOS.
CONHEÇA ALGUNS DIREITOS DA CRIANÇA E PINTE OS DESENHOS COM GIZ DE CERA.

DIREITO À SAÚDE

DIREITO À CULTURA

DIREITO À FAMÍLIA

DIREITO AO LAZER

Ilustrações: Léo Fanelli/Arquivo da editora

DATA ____/____/____

DIA DOS PROFESSORES

15 DE OUTUBRO

O PROFESSOR TEM PAPEL FUNDAMENTAL EM NOSSA VIDA. FAÇA UM DESENHO DO SEU PROFESSOR. DEPOIS, DESTAQUE A PÁGINA 31 DO **MATERIAL DE APOIO** E FAÇA UM CARTÃO PARA PRESENTEÁ-LO.

DATA ____/____/____

DIA NACIONAL DA CONSCIÊNCIA NEGRA

20 DE NOVEMBRO

A CENA ABAIXO MOSTRA PESSOAS TOCANDO E DANÇANDO JONGO, UM RITMO QUE FAZ PARTE DA CULTURA AFRO-BRASILEIRA.

COMPLETE OS INSTRUMENTOS MUSICAIS E AS ROUPAS. DEPOIS, PINTE-OS.

Léo Fanelli/Arquivo da editora

DATA ____/____/____

DIA NACIONAL DA FAMÍLIA

8 DE DEZEMBRO

COMO É SUA FAMÍLIA? DESENHE-A ABAIXO.

DATA ____/____/____

SUGESTÕES

LIVROS

Reprodução/Editora Paulinas

A CESTA DA DONA MARICOTA, DE TATIANA BELINKY. SÃO PAULO: PAULINAS.

DONA MARICOTA FOI À FEIRA E COMPROU VÁRIOS ALIMENTOS. MAS ELA NÃO IMAGINA O QUE AS FRUTAS, AS VERDURAS E OS LEGUMES FAZEM DURANTE A AUSÊNCIA DELA.

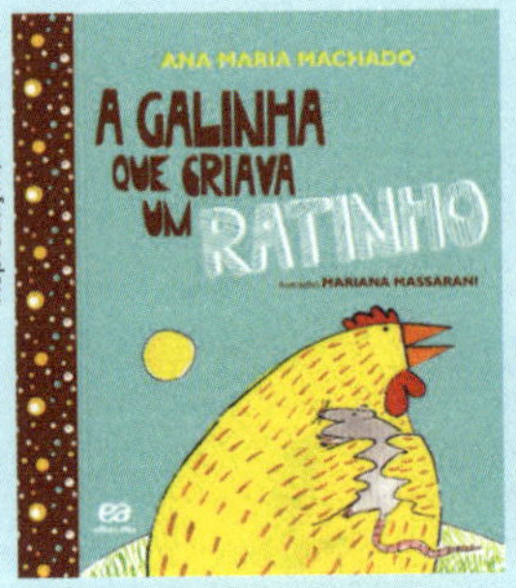

Reprodução/Editora Ática

A GALINHA QUE CRIAVA UM RATINHO, DE ANA MARIA MACHADO. SÃO PAULO: ÁTICA.

O GALO E A GALINHA, QUE NÃO TINHAM PINTINHOS, ADOTARAM UM RATINHO. UM DIA, UMA RAPOSA INVADIU A CASA DELES E A GALINHA TEVE DE RESOLVER A CONFUSÃO.

Reprodução/Panda Books

CAIXA DE BRINCAR, DE LENINHA LACERDA. SÃO PAULO: PANDA BOOKS.

UMA CAIXA SE TRANSFORMA EM UM BRINQUEDO MUITO DIVERTIDO PARA UMA CRIANÇA CHEIA DE IMAGINAÇÃO.

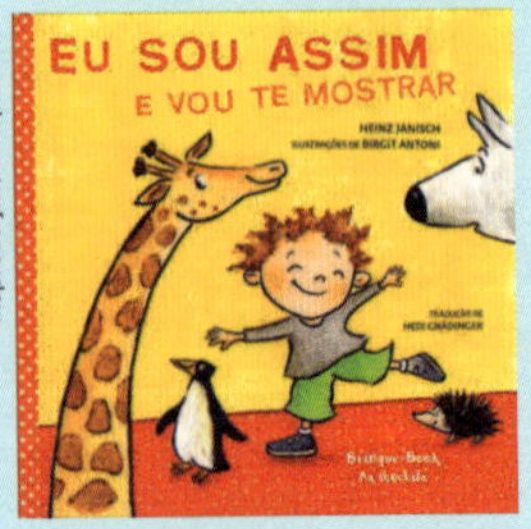

Reprodução/Brinque-Book

EU SOU ASSIM E VOU TE MOSTRAR, DE HEINZ JANISCH. SÃO PAULO: BRINQUE-BOOK.

COM ESSE LIVRO, DESCUBRA AS VÁRIAS PARTES DO CORPO HUMANO E DO CORPO DE DIVERSOS ANIMAIS.

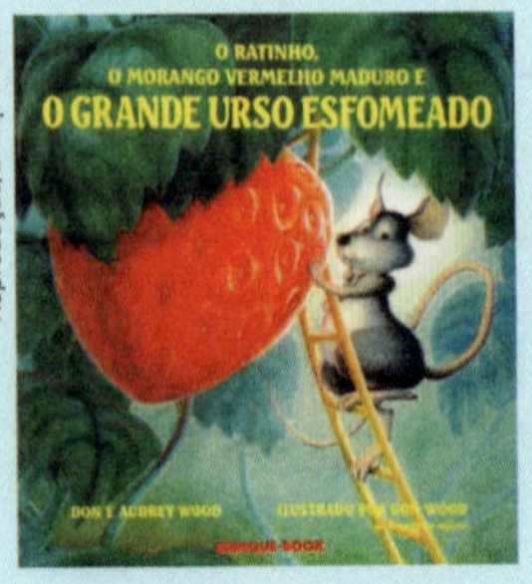

Reprodução/Brinque-Book

O RATINHO, O MORANGO VERMELHO MADURO E O GRANDE URSO ESFOMEADO, DE AUDREY WOOD. SÃO PAULO: BRINQUE-BOOK.

UM RATINHO TENTA ESCONDER UM MORANGO MADURO DE UM GRANDE URSO. SERÁ QUE ELE VAI CONSEGUIR?

Reprodução/Editora Ática

TANTO, TANTO!, DE TRISH COOKE. SÃO PAULO: ÁTICA.

TODA A FAMÍLIA SE REÚNE PARA FAZER UMA FESTA-SURPRESA. CADA PARENTE QUE CHEGA QUER ENCHER O BEBÊ DA CASA DE CARINHO E BRINCAR COM ELE.

ÁUDIO

Reprodução/MCD

CANTIGAS DE RODA, DE PALAVRA CANTADA, MCD.

ESSE ÁLBUM TRAZ VINTE CANÇÕES TRADICIONAIS BRASILEIRAS PARA BRINCAR DE RODA.

VÍDEOS

Reprodução/Walt Disney Studios

PROCURANDO NEMO, DE ANDREW STANTON E LEE UNKRICH, 2003.

NESSE FILME, NEMO, UM PEIXE-PALHAÇO FILHOTE, É CAPTURADO POR MERGULHADORES. PARA ENCONTRÁ-LO, SEU PAI CONTA COM A AJUDA DE DIVERTIDOS ANIMAIS MARINHOS.

Reprodução/Globo Vídeo

SÍTIO DO PICA-PAU-AMARELO: VIAGEM AO CÉU – NO REINO DAS ÁGUAS CLARAS, DE HUMBERTO AVELAR, 2013. V. 1.

ESSE DVD TRAZ DUAS AVENTURAS DA TURMA DO SÍTIO DO PICA-PAU-AMARELO, RECEITAS, QUEBRA-CABEÇAS E MUITO MAIS.

Reprodução/Aardman Animations/DreamWorks Animation

WALLACE E GROMIT: A BATALHA DOS VEGETAIS, DE NICK PARK E STEVE BOX, 2005.

NESSE FILME, WALLACE E SEU FIEL CÃOZINHO GROMIT FARÃO DE TUDO PARA PROTEGER OS VEGETAIS, POIS O CONCURSO ANUAL DE LEGUMES GIGANTES ESTÁ CHEGANDO.

MARCHA CRIANÇA

MATERIAL DE APOIO

editora scipione

PEÇAS PARA A ATIVIDADE DA **PÁGINA 14**.

Ilustrações: Léo Fanelli/Arquivo da editora

FIGURAS PARA A ATIVIDADE DA **PÁGINA 23**.

Léo Fanelli/Arquivo da editora

Léo Fanelli/Arquivo da editora

Léo Fanelli/Arquivo da editora

FIGURA PARA A ATIVIDADE DA **PÁGINA 24**.

Léo Fanelli/Arquivo da editora

FIGURAS PARA A ATIVIDADE DA **PÁGINA 40**.

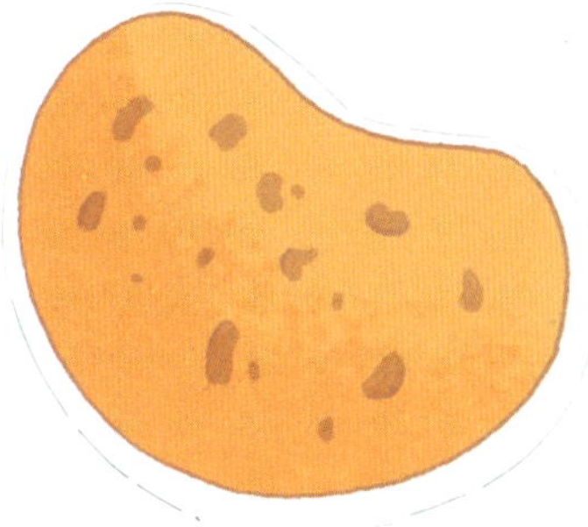

Ilustrações: Léo Fanelli/Arquivo da editora

FIGURA PARA A ATIVIDADE DA **PÁGINA 46**.

Léo Fanelli/Arquivo da editora

FIGURA PARA A ATIVIDADE DA **PÁGINA 57**.

Léo Fanelli/Arquivo da editora

FIGURA PARA A ATIVIDADE DA **PÁGINA 64**.

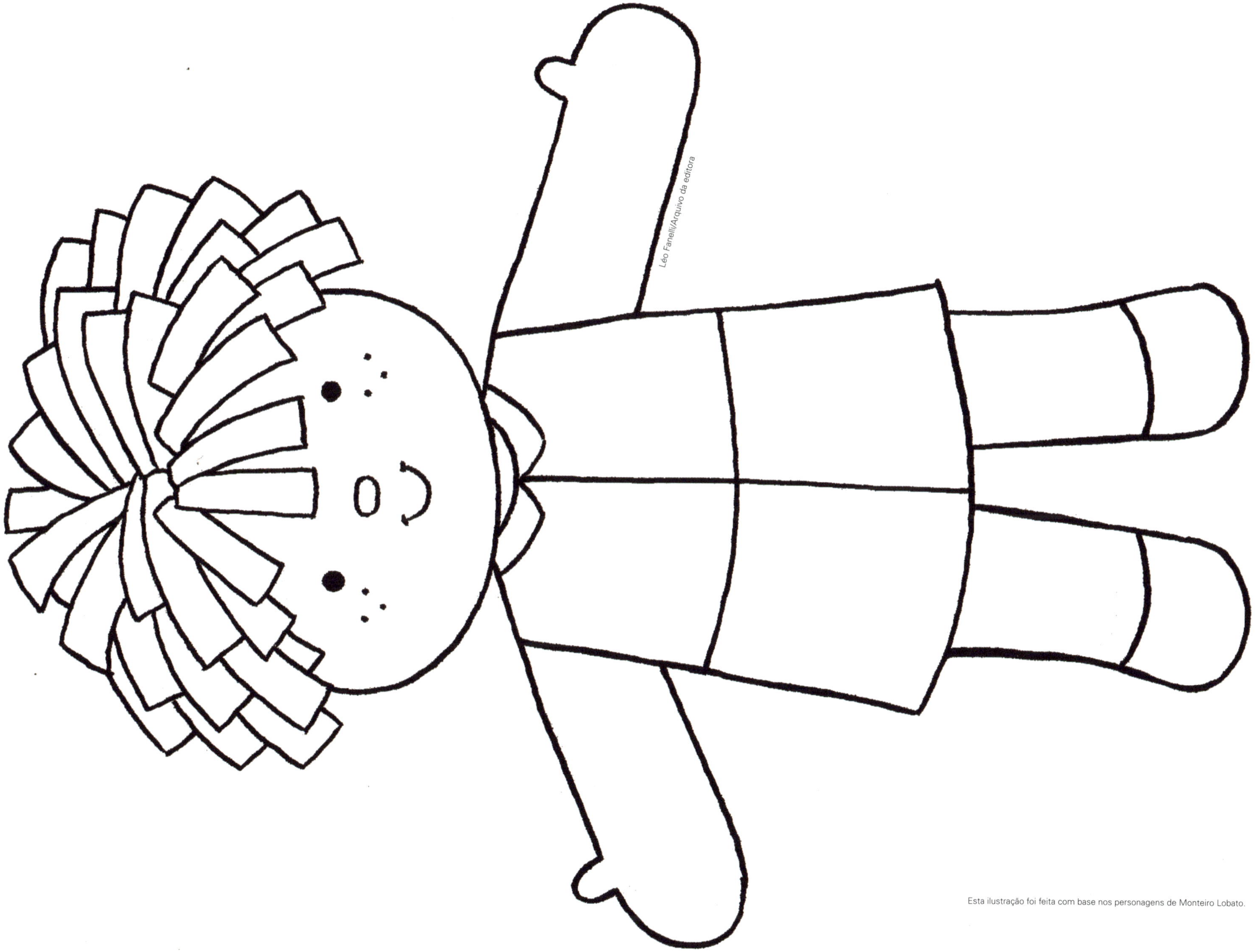

Léo Fanelli/Arquivo da editora

Esta ilustração foi feita com base nos personagens de Monteiro Lobato.

FIGURA PARA A ATIVIDADE DA **PÁGINA 65**.

Léo Fanelli/Arquivo da editora

Esta ilustração foi feita com base nos personagens de Monteiro Lobato.

FIGURAS PARA A ATIVIDADE DA **PÁGINA 66**.

Ilustrações: Léo Fanelli/Arquivo da editora

FIGURAS PARA A ATIVIDADE DA **PÁGINA 72**.

FIGURAS PARA A ATIVIDADE DA **PÁGINA 74**.

Ilustrações: Léo Fanelli/Arquivo da editora

FIGURA PARA A ATIVIDADE DA **PÁGINA 93**.

Léo Fanelli/Arquivo da editora

FIGURAS PARA A ATIVIDADE DA **PÁGINA 94**.

Ilustrações: Roberto Higa/Arquivo da editora

FIGURAS PARA A ATIVIDADE DA **PÁGINA 98**.

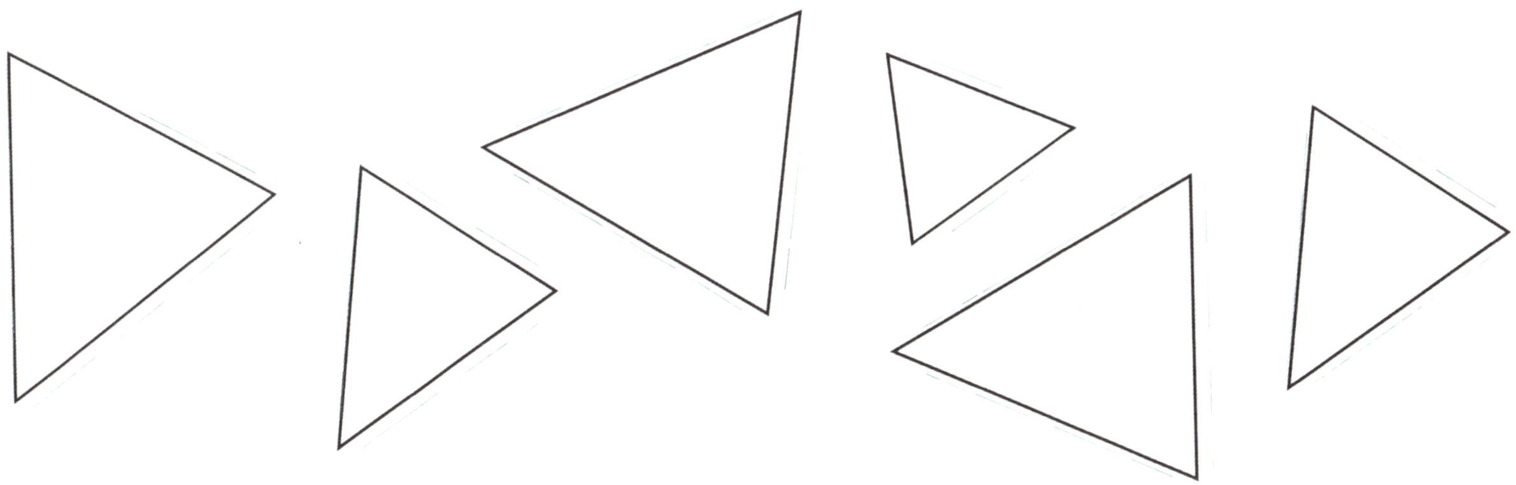

Ilustrações: Roberto Higa/Arquivo da editora

FIGURA PARA A ATIVIDADE DA **PÁGINA 99**.

Léo Fanelli/Arquivo da editora

PEÇAS PARA A ATIVIDADE DA **PÁGINA 101**.

Léo Fanelli/Arquivo da editora

Léo Fanelli/Arquivo da editora

Léo Fanelli/Arquivo da editora

Léo Fanelli/Arquivo da editora

Léo Fanelli/Arquivo da editora

Léo Fanelli/Arquivo da editora

Léo Fanelli/Arquivo da editora

Léo Fanelli/Arquivo da editora

CENAS PARA A ATIVIDADE DA **PÁGINA 108**.

Léo Fanelli/Arquivo da editora

Léo Fanelli/Arquivo da editora

Léo Fanelli/Arquivo da editora

Léo Fanelli/Arquivo da editora

CARTÃO PARA A ATIVIDADE DA **PÁGINA 133**.

FRENTE VERSO

Léo Fanelli/Arquivo da editora

ADESIVOS PARA A ATIVIDADE DA **PÁGINA 32**.

Ilustrações: Léo Fanelli/Arquivo da editora

ADESIVOS PARA A ATIVIDADE DA **PÁGINA 38**.

Eric Isselee/Shutterstock

volkova natalia/Shutterstock

VitLev/Shutterstock

ADESIVOS PARA A ATIVIDADE DA **PÁGINA 54**.

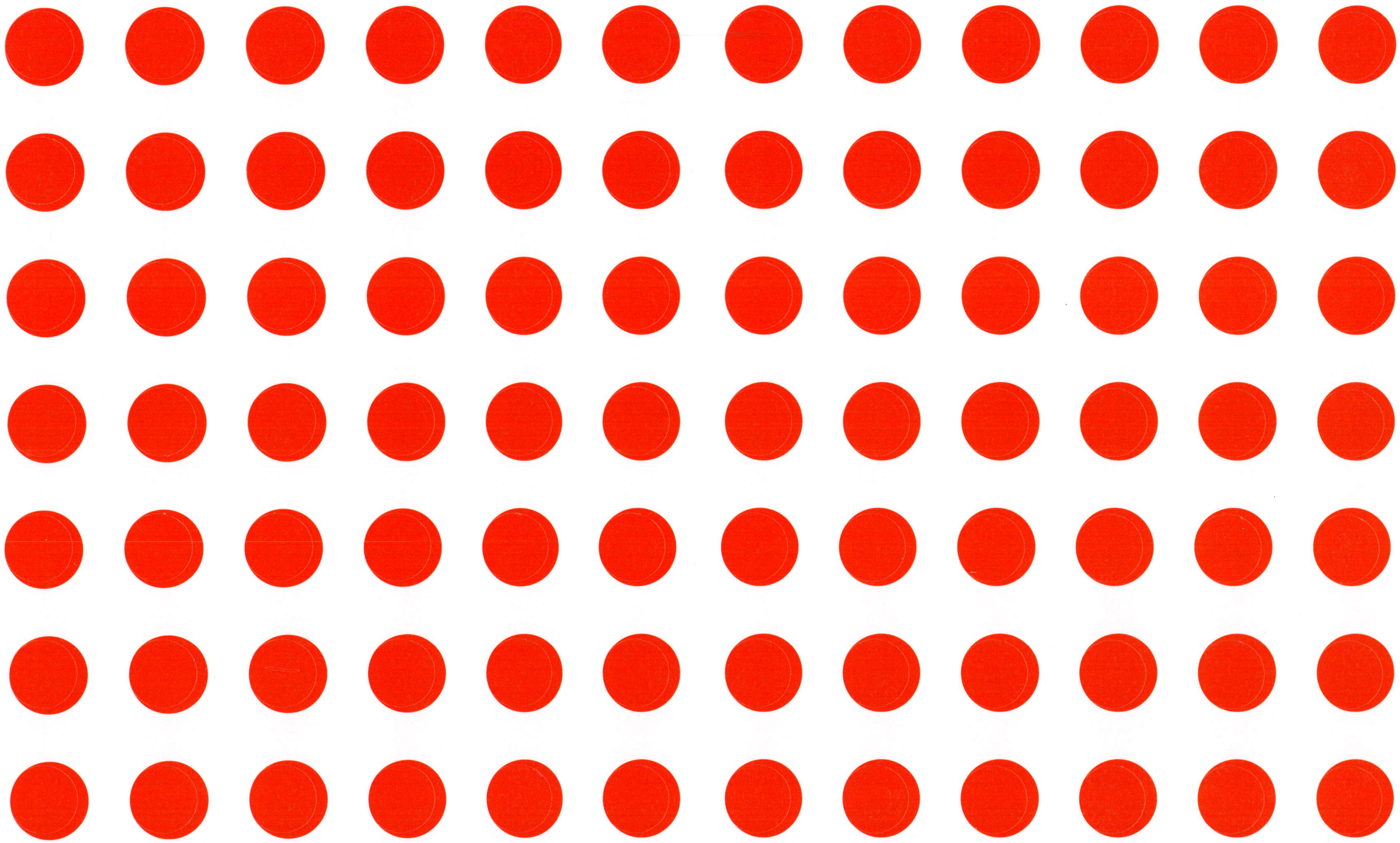

ADESIVOS PARA A ATIVIDADE DA **PÁGINA 82**.

ADESIVOS PARA A ATIVIDADE DA **PÁGINA 84**.

ADESIVOS PARA A ATIVIDADE DA **PÁGINA 92**.

Ilustrações: Léo Fanelli/Arquivo da editora